Ind. Place. No 169 No. 1088.

Cet Arrêt porte à la fin la signature autographe de Delaistre greffier en chef de la Cour des monnayes et faisait partie de la Collection d'Arrêts sous le No. porté au frontispice No. 7. Aubry.

ARREST DV CONSEIL D'ESTAT

12 Juillet 1634.

Portant defenses à tous Marchands & autres, d'vser à l'aduenir de ces mots, Payemens courans, en la vente & achapt de Marchandises, & acquit de Promesses & de lettres de Change, & d'exposer les monnoyes d'or & d'argent, tant de France qu'Estrangeres, à plus haut prix que celuy porté par les Edicts, Declarations, Arrests, & Reglemens.

N° 169

istré en la Cour des Monnoyes, le 2 iour d'Aoust 1634.

A PARIS,
Chez SEBASTIEN CRAMOISY, Imprimeur ordinaire du Roy, & de la Cour des Monnoyes, ruë S. Iacques, aux Cicognes.

M. DC. XXXIV.

AVEC PRIVILEGE DE SA MAIESTÉ.

ARREST DV CONSEIL D'ESTAT

12 Juillet 1634.

Portant defenses à tous Marchands & autres, d'vser à l'aduenir de ces mots, Payemens courans, en la vente & achapt de Marchandises, & acquit de Promesses & de lettres de Change, & d'exposer les monnoyes d'or & d'argent, tant de France qu'Estrangeres, à plus haut prix que celuy porté par les Edicts, Declarations, Arrests, & Reglemens.

Leu & Registré en la Cour des Monnoyes, le 2. iour d'Aoust 1634.

7
17

A PARIS,
Chez SEBASTIEN CRAMOISY, Imprimeur ordinaire du Roy, & de la Cour des Monnoyes, ruë S. Iacques, aux Cicognes.

M. DC. XXXIV.

AVEC PRIVILEGE DE SA MAIESTÉ.

EXTRAICT DES REGISTRES du Conſeil d'Eſtat.

SVR ce qui a eſté repreſenté au Roy en ſon Conſeil, par aucuns notables Marchands de ce Royaume : Que bien qu'il aye pleu à ſa Majeſté pouruoir par diuers Edicts, Declarations, Arreſts & Reglements, au deſordre & abus qui ſe commettent en l'expoſition des monnoyes d'or & d'argent, tant de France qu'Eſtrangeres, limitant le prix à chaque eſpece : meſmes par ſon Arreſt du vingt-cinquieſme Iuin dernier. Neantmoins ce deſordre ayant continué & s'eſtant gliſſé depuis quelques années dans le negoce que font les Eſtrangers & autres originaires en certaines Prouinces de ce Royaume, notamment en celles de Normandie, Champagne, & Picardie, aux trois principaux points du maintien du Commerce. Sçauoir, en la vente & achapt des Marchandiſes, au payement des Promeſſes cauſées pour fait de marchandiſe, & en l'acquit des lettres de Change, où ayant frauduleuſement introduit l'vſage d'vn Payement courant, qui ne s'entend entre leſdits Marchands que ſuiuant le cours abuſif de l'expoſition deſdites monnoyes eſdites Prouinces, & non ſuiuant le prix limité par leſdits Edicts, Declarations, Arreſts, & Reglements, cauſé par la tollerance des Iuges, la principale partie de ce deſordre, & tel preiudice au commerce, par la perte de treize à quatorze pour cent, qu'il ne faut pas s'eſtonner ſi l'on void de ſi frequentes faillites, les Marchands les plus aduiſez ne pouuans former vn prix certain en la vente & achapt de leurs Marchandiſes, puis que dans le temps du payement expiré leſdites monnoyes excedent le prix limité par les Ordonnances. A quoy eſtant neceſſaire de pouruoir, ſupplioient tres humblement ſa Majeſté, qu'en aboliſſant l'vſage introduit de ce Payement courant, il pleuſt à ſadite Majeſté faire defenſes à tous Marchands & autres, d'vſer à l'auenir en la vente & achapt des Marchandiſes, payement des Promeſſes cauſées pour fait de Marchandiſe, & en l'acquit des lettres de Change dudit Payement courant, & d'expoſer dans ce Royaume les monnoyes d'or & d'argent, tant de France qu'Eſtrangeres, à plus haut prix que celuy limité par les Edicts, Declarations, Arreſts, & Reglements, à peine de trois mil liures d'amende, perte des ſommes portées par les Promeſſes & lettres de Change, & de confiſcation des Marchandiſes

LE ROY ESTANT EN SON CONSEIL, voulant abolir l'vſage de ce payement, comme introduit depuis quelques années dans le Commerce, à fait inhibitions & defenſes à tous Marchands & autres d'vſer à l'auenir en la vente & achapt des Marchandiſes, payement des Promeſſes cauſées pour fait de marchandiſe, & en l'acquit des lettres de Change, dudit Payement courant, & d'expoſer dans le Royaume les monnoyes d'or & d'argent, tant de France qu'Eſtrangeres, à plus haut prix que celuy porté par ſes Edicts, Declarations, Arreſts, & Reglements, à peine de trois mil liures d'amende, perte des ſommes portées par leſdites Promeſſes, & lettres de Change, & confiſcation des Marchandiſes, & autres peines portées par les Arreſts, & Declarations. FAIT ſa Majeſté defenſes à tous Iuges de ſouffrir l'expoſition deſdites monnoyes à plus haut prix que celuy porté par ſes Ordonnances & Arreſts, ny ſur les conteſtations qui procedent pour raiſon deſdites expoſitions, d'ordonner auſdits Marchands de ſ'accommoder entr'eux, ainſi qu'ils ont cy-deuant accouſtumé de faire en ladite Prouince de Normandie, à peine d'en répondre en leurs propres & priuez noms. ENIOINT en outre ſadite Majeſté à ſon Procureur General en la Cour des Monnoyes, de faire lire & regiſtrer le preſent Arreſt, iceluy faire garder & obſeruer aux villes & lieux de ce Royaume, aux Officiers de ſes Cours de Parlement, Treſoriers de France, Iuges ordinaires des Monnoyes eſtans dans les Prouinces, Baillifs, Seneſchaux, Maires, & Eſcheuins des Villes, Preuoſts des Mareſchaux, Iuges Conſuls, & tous autres Officiers, de tenir la main à l'execution d'iceluy, le faire auſſi publier & obſeruer dans toutes les Villes de leur reſſort & Iuriſdiction, informner des contrauentions, & faire le procés aux Contreuenans, nonobstant tous Arrests, Sentences, & Iugemens qui pourroient estre donnez au contraire, lesquels dés à present sa Majesté a cassez & annullez comme attentat, sur les peines cy-dessus mentionnées, & de donner aduis à sadite Majesté desdites contrauentions. Fait au Conseil d'Estat du Roy tenu à Chantilly le douziesme iour de Iuillet mil six trente quatre. Signé, BOVTHILLIER.

LOVIS par la grace de Dieu Roy de France & de Nauarre, A nos amez & feaux les Gens tenans nostre Cour des Monnoyes à Paris, Salut. Voulans abolir l'vsage qui se pratique entre les Marchands, & introduit depuis quelques années dans le Commerce du Payement courant, par Arrest de ce iourd'huy cy attaché sous le contreseel de nostre Chancellerie, Nous auons auõs fait & faisons defenses à tous Marchands & autres, d'vser à l'auenir en la vente & achapt des Marchãdises, payement des Promesses causées pour fait de marchandise, & en l'acquit des lettres de Change, dudit Payement courant, & d'exposer dans nostre Royaume les monnoyes d'or & d'argent, tant de France, qu'Estrangeres, à plus haut prix que celuy porté par nos Edicts, Declarations, Arrests, & Reglements, à peine de trois mil liures d'amende, perte des sommes portées par lesdites Promesses & lettres de Change, & confiscation des Marchandises, & autres peines portées par lesdits Arrests & Declarations, & à tous Iuges souffrir l'exposition desdites monnoyes à plus haut prix que celuy porté par nos Ordonnances & Arrests, ny sur les contestations qui procedent pour raison desdites expositions, d'ordonner ausdits Marchands de s'accommoder entr'eux, ainsi qu'ils ont cy-deuant accoustumé de faire en nostre Prouince de Normandie, à peine d'en respondre en leurs propres & priuez noms. A CES CAVSES, Nous vous mandons & ordonnons de faire registrer, garder & entretenir ledit Arrest selon sa forme & teneur, & iceluy lire & publier par tout où il appartiendra. ENIOIGNONS à nostre Procureur General en nostredite Cour, & aux Officiers de nos autres Cours, Tresoriers de France, Iuges ordinaires de nos Monnoyes estans dans nos Prouinces, Baillifs, Seneschaux, Substituts de nos Procureurs Generaux, Maires & Escheuins des Villes, Preuosts de nos chers & bien amez Cousins les Mareschaux de France, Iuges Consuls, & tous autres nos Officiers, de tenir la main à l'execution d'iceluy, informer des contrauentions, & faire le procés aux contreuenans, nonobstant tous Arrests, Sentences, & Iugemens qui pourroient estre donnez au contraire: lesquels nous auons dés à present cassez & annullez, cassons & annullons comme attentat, sur lesdites peines, & de nous donner aduis desdites contrauentions. Et outre commandons au premier nostre Huissier ou Sergent sur ce requis, de signifier ledit Arrest à tous qu'il appartiendra, & en afficher des copies par tout où besoin sera, à ce qu'aucun n'en pretende cause d'ignorance, faire lesdites defenses, & tous autres actes & exploits necessaires pour l'execution d'iceluy, sans demander autre permission, & sera adiousté foy comme aux originaux aux copies dudit Arrest, & des presentes collationnées par l'vn de nos amez & feaux Conseillers & Secretaires. Car tel est nostre plaisir, nonobstant clameur de Haro, chartre Normande, prise à partie, & lettres à ce contraires. Donné à Chantilly le douziesme iour de Iuillet, l'an de grace mil six cens trente quatre. Et de nostre Regne le vingt-cinquiesme. Par le Roy, BOVTHILLIER, & seellé de cire iaune sur simple queuë.

EXTRAIT DES REGISTRES de la Cour des Monnoyes.

VEV par la Cour l'Arrest du Conseil d'Estat, du douziesme Iuillet dernier, Signé BOVTHILIER, par lequel, pour les causes y contenuës, sa Majesté estant en son Conseil, voulant abolir l'vsage des Payemens courans qui se fait de Promesses causées pour faict de marchandises, & en l'acquit de lettres de Change, & le desordre qui se commet en l'exposition des monnoyes d'or & d'argent, tant de France qu'Estrangeres, qui s'est glissé depuis quelques années dans le negoce que font les Estrangers & autres originaires, en certaines Prouinces de ce Royaume, notamment en celles de Normandie, Châpagne & Picardie, & pouruoir ausdits desordre & abus ; a fait inhibitions & defenses à tous Marchands & autres, d'vser à l'aduenir en l'achapt & vente des Marchandises, payement des Promesses causées pour faict de marchandise, & en l'acquit des lettres de Change, dudit Payement courant, & d'exposer dans le Royaume les monnoyes d'or & d'argent, tant de France qu'Estrangeres, à plus haut prix que celuy porté par ses vieilles Declarations, Arrests, & Reglemens, à peine de trois mil liures d'amende, perte des sommes portées par lesdites Promesses & lettres de Change, & confiscation des Marchãdises, & autres peines portées par lesdits Arrests & Declarations. Fait sa Majesté defenses à tous Iuges de souffrir l'exposition desdites monnoyes à plus haut prix que celuy porté par sesdites Ordonnances & Arrests, ny sur les contestations qui procedent pour raison desdites expositions, d'ordõner ausdits Marchands de s'accommoder entr'eux, ainsi qu'ils ont cy-deuant accoustumé de faire en ladite Prouince de Normandie, à peine d'en respondre en leurs propres & priuez noms. Enioint en outre sadite Majesté à son Procureur general en ladite Cour, de faire lire & registrer ledit Arrest, garder & obseruer aux villes & lieux de ce Royaume, aux Officiers de ses Cours de Parlement, Tresoriers de France, Iuges ordinaires des Monnoyes eſtans dans les Prouinces, Baillifs, Seneſchaux, Maires & Eſcheuins des villes, Preuoſts des Mareſchaux, Iuges Conſuls, & tous autres Officiers, de tenir la main à l'execution d'iceluy, le faire auſſi publier & obſeruer dans toutes les villes de leur reſſort & Iuriſdiction, informer des cõtrauentions, & faire le procés aux contreuenans, nonobſtant tous Arreſts, Sentences & Iugemens qui pourroient eſtre donnez au contraire, leſquels dés à preſent ſa Majeſté a caſſez & annullez, comme attentat, ſur les peines cy-deſſus mentionnées, & de donner aduis à ſadite Majeſté deſdites contrauentions. Commiſſion ſur ledit Arreſt adreſſante à ladite Cour, aux fins de faire publier & enregiſtrer ledit Arreſt & Commiſſion dattée dudit iour douzieſme Iuillet, donnée à Chantilly, Signée par le Roy BOVTHILLIER, & ſeellées du grãd ſeel de cire iaune ſur ſimple queuë; & apres que ledit Procureur general a requis la lecture, enregiſtrement & publication deſdits Arreſts & Commiſſion. Tout conſideré: LA COVR a ordonné & ordonne que ſur ledit Arreſt & Commiſſion ſera mis, qu'ils ont eſté leus & regiſtrez és regiſtres d'icelle; oüy & ce requerant ledit

Procureur general du Roy, & qu'ils seront publiées à son de trompe & cry public, & affiches mises és carrefours & lieux accoustumez de cette ville de Paris, pour estre ledit Arrest gardé & obserué selon sa forme & teneur; & que coppies collationnées par le Greffier de ladite Cour, seront enuoyées aux Prouinces de ce Royaume, tant aux Generaux subsidiaires, Iuges, & Gardes des Monnoyes, Tresoriers de France, Baillifs, Seneschaux, Maires & Escheuins, Preuosts des Mareschaux, & autres Iuges Royaux, & Substituts dudit Procureur general, pour estre pareillement leus & publiez, & tenir la main à l'execution & entretenement dudit Arrest: & certifier ladite Cour de leur diligence au mois. Fait en la Cour des Monnoyes le deuxiesme iour d'Aoust mil six cens trente quatre.

Signé, DELAISTRE.

L'an mil six cens trente quatre le septiesme iour d'Aoust, l'Arrest du Conseil d'Estat & Commission sur iceluy, auec l'Arrest de la Cour des Monnoyes contenus cy-dessus, ont esté leuz & publiez à son de trompe & cry public aux carrefours & autres lieux, tant ordinaires qu'extraordinaires de cette ville & faux-

bourgs de Paris, en la presence de nous Iacques Blondel, & Michel Rebours Huißiers en icelle soubs-signez, par Simon le Duc Iuré Crieur en ladite Ville, Preuosté & Vicomté de Paris, accompagné de Mathurin Noiret Iuré Trompette, & de deux autres Trompettes: comme außi a esté ledit Arrest affiché par nous en tous les lieux accoustumez de ladite ville & fauxbourgs de Paris, à ce qu'aucun n'en pretende cause d'ignorance. Signé Blondel & Rebours.

Collationné aux originaux par moy Greffier en chef en la Cour des Monnoyes soubsigné.

www.ingramcontent.com/pod-product-compliance
Lightning Source LLC
LaVergne TN
LVHW052034160826
845678LV00003B/1342

* 9 7 8 2 3 2 9 6 3 1 2 1 9 *